Reinhold Schulte
Akrosticha – lebensnah

Reinhold Schulte

Akrosticha – lebensnah

Rediroma-Verlag

Bibliografische Information der Deutschen Nationalbibliothek:
Die Deutsche Nationalbibliothek verzeichnet diese Publikation in der Deutschen Nationalbibliografie; detaillierte bibliografische Daten sind im Internet über http://portal.dnb.de abrufbar.

ISBN 978-3-98527-137-5

Illustrationen: Reinhold Schulte

Umschlagbild (Blume des Lebens):
Amado Designs (shutterstock.com)

www.rediroma-verlag.de
15,95 Euro (D)

Vorwort

Früh schon begeisterte ich mit Reimen Freunde und Familie.
Ich schaffte es, allen beim Lesen ein Lächeln ins Gesicht zu zaubern, oder sie zum Nachdenken anzuregen.
Ich möchte erheitern, aber auch zu Themen, kritisch Stellung nehmen.

Es wuchs in mir der Wunsch, mehr Menschen zu erreichen.
Ich beschloss, ein zweites Buch zu veröffentlichen.
Zwar in Gedichtform, aber doch ganz anders als das erste Buch.

Ich danke meiner Familie und besonders meiner Frau, die mich immer unterstützt und inspiriert.

Ich wünsche euch viel Freude beim Lesen meines Buches.

Reinhold Schulte

Inhaltsverzeichnis

St. Alexander

Kurz gefasst in wenigen Worten
mein Wohnort Wallenhorst

SYMPATHISCH UND SEHENSWERT

S t. Alexander, unsere Mitte
Y achthafen für ganz fitte
M ühlen, Steine und Pfarrei
P lus Berge und die Ziegelei
A uch im grünen Nettetal
T ankt man frische Luft
H ier zu leben, beste Wahl
I ch lieb' den Heimatduft
S chön ist es in dieser Stadt
C ouragiert sind Volk und Rat
H ier zu wohnen, hat doch watt
U nd fährt sicher auf dem Pfad
N atürlich bin ich hier gebor'n
D urft Schul' und Kirch' besuchen
S aß immer auch ganz vorn
E rfolge konnt' ich so verbuchen
H eiratete auch in diesem Dom
E rlaubnis gab's für Kinder
N och nie war ich in Rom
S t. Alexander ist nicht minder
W allenhorst, du Stadt im Land
E in Ort mit langer Geschicht'
R eicht Gott uns weiter seine Hand
T ragen wir noch manch' Gewicht
-- **Wallenhorst ist ein Gedicht** –

MEIN FREUND RUFFY

-Groß sein Herz, obwohl er klein
es schlägt für mich allein
Er stellt sich auf die Hinterbein
und findet es astrein
-Mein Partner auf vier Pfoten
hat Gefühle genau wie ich
Verschenkt gar viele Duftnoten
und lässt mich nie im Stich
-Er leidet mit und lässt's mich spüren
verstehen uns auf's Beste
Kuscheln, schmusen zum Verführen
Ruffy fühlt sich wohl im Neste
-Kuschelhormone, Oxytocine
bedingt durch tiefe Augenblicke
verraten uns mit jeder Miene
dass wir Freunde sind, ganz DICKE
-Mein Versprechen, für ihn zu sorgen
und dass wir beide geh'n spazieren
Bei mir ist's sicher, er bleibt geborgen
RUFFY, meinen Freund,
den möcht' ich nicht verlieren

Eine Hommage an Ruffy
von meiner Enkelin
Sarah-Katharina

Ingrid 03.

WENN,
DANN ABER SOFORT

W ahre Worte möcht' ich schreiben
E in Denkmal nur aus Zeilen
N och lang' soll es so bleiben
N ur die Liebe mit dir teilen
D as ich Liebe konnt so spüren
A uch noch in allen Jahren
N ur du, du konntest es noch schüren
N ur ich, ich durfte es erfahren
A chtzig bin ich und noch verliebt
B aff auch noch vom Lebensglück
E gal, wenn's hier und da mal zicpt
R icht'ger Schmerz geht auch zurück
S chreib' es nun doch mit Bedacht
O hne Schnörkel, mit der Feder
F ast alle sind jetzt aufgewacht
O hne Lieb' geht nix, weiß ein jeder
R und 60 Jahre ich ihr trau
T oll, dafür sorgte **INGRID,**
MEINE FRAU

ALLES CHILLTE
MAMA STILLTE

A ch du liebe Zeit
L ang,' lang' ist's her
L ebten ohne Futterneid
E s reichte der Verzehr
S pielten in kleinen Räumen
C omputer gab es nicht
H eut' noch kann ich träumen
I ch gern davon bericht'
L iebevoll die Mama stillte
L ive erlebten wir es mit
T ief im Sofa man halt chillte
E in jeder bekam da Appetit
M eine Schwestern nebenan
A lle waren mit dabei
M ama hob die Kleine dann
A ufstoß, danach gab's Geschrei
S icher waren wir versorgt
T ranken all' die Muttermilch
I nsofern war nichts verkorkt
L iebt' es sehr als kleiner Knilch
L iegt doch alles lang' zurück
T rotzallem gab's viel Glück
E ine Trän' ich oft verdrück'
liebe dieses Lebensstück

Ich hoffe,
dass es vielen
so geht

JEDER TAG BRINGT GLÜCK

J ahr um Jahr man älter wird
E inmalig ist das Leben
D ieses man nicht gern verliert
E rsatz wird’s nimmer geben
R ückt doch näher unser Ziel
T oll die Zeit, die wir erreicht
A rbeit und Liebe war der Deal
G ut, es war nicht immer leicht
B ereitet uns jetzt jeder Tag
R iesig' Freud' zum Glück
I st zufrieden mit seiner Lag'
N och gern denkt man zurück
G ewiss, mit Gott sind wir per Du
T äglicher Gruß im Morgenlicht
G lücklich ist man dann im Nu
L iebevoll mit ihm auch spricht
U eber vieles man sich freut
E s ist die beste Zeit des Lebens
C ool bis jetzt, hab' nichts bereut
K ann sagen, nichts war vergebens

700
50 €
Auf der Stell'
drückt es krass
Schmerzensquell'
die pralle Tasch'

MÄNNER IN SCHIEFLAGE, WELCH` PLAGE

M achen uns schon Sorgen
Ä ndern kann man's leicht
N un , wohl nicht bis morgen
N ie Rituale einfach streicht
E s fehlt die Haltung, nicht Geld
R ichtig schief ist die Gestalt
I st trotzdem ein Frauenheld
N utzt und sorgt für den Erhalt
S tändig drückt die Backentasche
C ool die Beule am Gesäß
H erren lieben halt die Asche
I m prallen, ledernen Gefäß
E s schmerzt das Geld nur so
F ür Männer ist es ein Problem
L anges Sitzen auf dem Po
A ch, die Lage ist extrem
G enervt ist auch der Ischias
E rreicht den Rücken, die Bein'
W unde Augen, tränennass
E norme Schmerzen, hundsgemein
L ange Rede , kurz der Sinn
C lever ist's, man schont die Stell'
H albe Füllung hinten drin
P ortemonnaie die Schmerzensquell'
L ieber glatt, nicht aufgebauscht
A ls prall und stramm die Tasch'
G laubt mir, ich hab' sie ausgetauscht
E in „Weiter so " wär krass
- Sorgt für den Nachlass -

Der Beweis
hab' 'ne Meis'

JEDER SPINNT AUF SEINER WEISE

J a, das ist uns all' bekannt
E s ist auch garnicht neu
D avon gibt es allerhand
E s wird gesponnen ohne Scheu
R egeln lässt man außer Acht
S pricht mit sich allein
P laudert aus, ganz unbedacht
I st 'ne Macke und nicht klein
N immt man doch so vieles wahr
N utzen bringt's auf keine Weise
T rotz allem birgt es auch Gefahr
A ll' das, verdrängt das Leise
U eberall da wird gesponnen
F indet Zuspruch auch global
S pinner hat man zugewonnen
E s ist schon fast normal
I ntelligent muss man nicht sein
N ur lautstark sich erheben
E indruck schafft man auch allein
W underlinge wird's immer geben
E in Nest der Aufgeweckten
I n allen Sprachen, Dialekten
S pinnereien mit Effekten
E in Ausmaß zum Perfekten

DIE PAUSE, EIN MUSS

D iese Zeit, die brauche ich
I n KURZ und auch in LANG
E s muss sein, nur für mich
P aus' erhöht den Tatendrang
A lles dauert, bin bejahrt
U nd ist es nur ein Kuss
S anft der Start, komm' in Fahrt
E s fehlt die Luft zum Schluss
E rhalt ich keine Atemspende
I st vobei halt dieser Schmaus
N ur 'ne Pause bringt dieWende
M uss ich haben, sonst ist's aus
U nd dieses Nichtstun hält mich fit
S icher schaff' ich dann auch mehr
S üß find' ich's und hätt' die Bitt'
– dass alles klappt, so wie vorher -

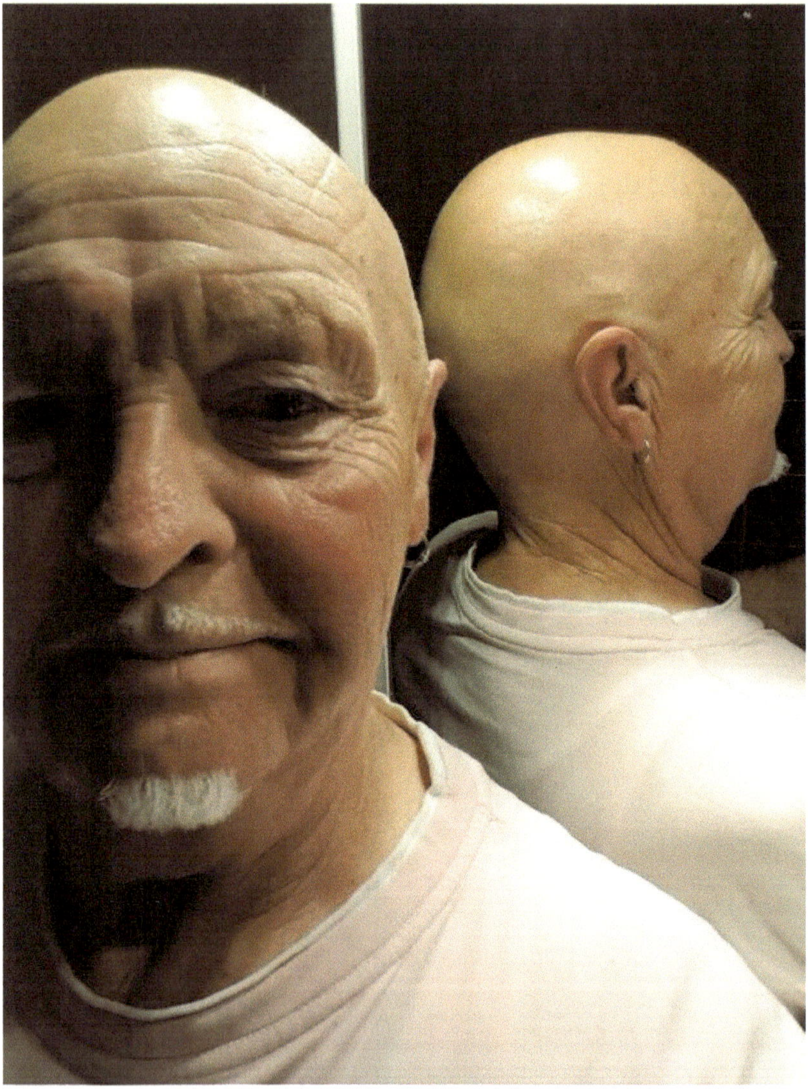

<u>HEY</u>,
<u>LANG' NICHT MEHR GESEH'N</u>

H ab' dich nicht mehr erkannt !
E s ist schon lange her
Y es, wir sind im Ruhestand
L egten zu, die Last wurd' mehr
A ch man sieht schon anders aus
N atürliche Spuren der Vergangenheit
G esichter lang, die Haut ist kraus
N ichts erinnert an die Jugendzeit
I n Wahrheit will es keiner wissen
C ool find' man sich selber nicht
H ab's nur mal kurz umrissen
T age gibt's, da schweigt man schlicht
M an hat sich lange nicht geseh'n
E s war auch gut, gefiel mir sehr
H eut' scheint alles schief zu geh'n
R ichtig Freud' gibt's auch nicht mehr
G enügt doch schon das Unerkannt'
E hrlich, bekomm' da Atemnot
S chön ist doch der heut'ge Abstand
E iniges kommt sodann ins Lot
H offe, mein Spiegelbild ist echt
N atürlich ist das nicht schlecht

LANGLEBIGE PARTNERSCHAFTEN

L iebend gern will ich's erklären
A n einer natürlichen Pflanze
N ette Vergleiche uns bescheren
G elingt's, macht's Spaß das Ganze
L ichtreich, nicht im Schatten
E rblüht sie und bleibt treu
B esteht und wird nicht ermatten
I st auch garnicht wasserscheu
G estaltet und ist farbaktiv
E rstrahlt schon früh am Morgen
P ralle Blüten, nichts ist schief
A uch gibt's keine Abstandssorgen
R ichtig Freud' kann man erhalten
T oll kann alles funktionieren
N atürlich darf sie nicht erkalten
E benso solch' ZARTES nicht fixieren
R **e**ich an Duft und auch handzahm
S teht sie da und bleibt in Form
C harmant und unser aller Schwarm
H eiß geliebt, sie ist enorm
A ll' die Blumen, wer liebt sie nicht
F ür Entspannung sorgt das Kräuterbad
T iefes Erlebnis, das viel verspricht
E s zu verpassen, wäre schad'
N ämlich Fieber beginnt erst
ab 36 Grad

HALLO HERR DOKTOR

H ab' sie lang' nicht mehr geseh'n
A ber ich fand es war auch gut
L eider doch muss ich gesteh'n
L ieb' erloschen, aus die Glut
O hne möchte ich nicht sein
H eute halt nichts mehr ertrage
E rbitte mir 'nen Krankenschein
R echt ungemütlich ist die Lage
R eicht mir doch die Prophylax'
D as Verblasste zu entzünden
O hne Flachs, wie Gunter Sachs
K urioses gar noch zu ergründen
T aste mich nun langsam vor
O hne Sie, Herr Doktor
R appelnd ständ ich schon
vor'm Himmelstor !

WARUM MECKERN GUT TUT

W ohl dem, der Dampf ablässt
A erger löst doch vieles aus
R eine Wut im Bauche stresst
U nd diese muss halt raus
M it VERDAMMT NOCH MAL
M eckert man mit lautem Ton
E gal sind Laute und Vokal
C ooles Meckern hilft dann schon
K einer sitzt gern auf der Palm'
E s ist ganz einfach halt genug
R ein die Luft, weg der Qualm
N atürlich zischt der Atemzug
G esundheit, die wir alle brauchen
U ebrigens unser höchstes Gut
T äglich sollt man mehrmals fauchen
T ief im Bauch da steckt die Wut
U nd grad' diese treibt uns an
T oll, wenn man beim Meckern,
das Maß noch halten kann !

Schaukeln mit
Schwung
im Sitzen
das hält jung
ohne Schwitzen
Schwingend fit
da machen alle
mit

ETWAS,
WAS UNS ALL` BEWEGT

E s gibt so vieles zu berichten
T raumahaft so manch' Geschehen
W issen all' von vielen Pflichten
A ber sollten keine übergehen
S timmt der Ablauf aber nicht
W ird der Rhythmus je gestört
A llzugroß ist der Verzicht
S pürt man auch und ist empört
U eberlastung hemmt die Lust
N immt uns jegliches Vergnügen
S chwächt das Herz in jeder Brust
A tmet schwer, in kurzen Zügen
L ust, Leidenschaft und Liebe
L eicht war alles und geschwungen
B egrüßen all', wenn's auch so bliebe
E s ist uns immer viel gelungen
W ollen doch alle was bewegen
E INSATZ, ja der stimmt auf's Wort
G enuss und Freude ist ein Segen
T oll ist der Bewegungssport

Oooopa

VATERSCHAFTSTEST?
EIN UNFALLBERICHT (LT.OPA)

V om Opa hab' ich es erfahren
A ls ich noch Fragen stellte
T rug noch Bart mit weißen Haaren
E in weiser Mann, der gern erzählte
R uhig und mit Witz er sprach
S eine Augen strahlten immer
C hristlich, gläubig, das bestach
H atte auch sein eig'nes Zimmer
A lles hab' ich ihm geglaubt
F ür Zweifel gab es keinen Grund
T äter gab's, die haben geraubt
S ehr oft war Unschuld der Befund
T oll, mein Opa kannt' sich aus
E r hat schon früher viel gemacht
S prach vom alten Gartenhaus
T age hat er da verbracht
E r murmelte und lächelte smart
I ch sah das Zucken im Gesicht
N ickte und zupfte noch den Bart
U ebel war es damals nicht
N atürlich kann ich es versteh'n
F rüher lebte man ganz schlicht
A ber doch ist viel gescheh'n
L aut Opa war es ein Gedicht
L öste die obige Frage einfach so
B ub, nun aber tut's mir leid
E rhob sich und war sichtlich froh
R uhen muss ich, es wird Zeit
I m Nachhinein, da wurd' mir klar
C lever, wie schlagfertig Opa war
H eut' zupf' ich am weißen Haar
T reu aber war ich all' die Jahr'

Mich KLEINER
fragt KEINER
kalte HÄNDE
bin am ENDE

BIST DU FERTIG? KOMMT NOCH WAS?

B eides schon mal oft gehört
I ch sprech' es einfach an
S icher gehört's nicht zum Flirt
T äglich es passieren kann
D **i**eses weckt halt Emotionen
U nd stößt auch übel auf
F rustrationen bei Millionen
E s stört manch' Spielverlauf
R eicht schon aus, solch' Frage
T rifft sie doch mit Wucht
I st egal in welcher Lage
G enüsse suchen da die Flucht
K ann sich vieles auch versteifen
O ben halt im Kopf, im Hirn
M änner werden's nie begreifen
M an, das weiß doch jede Dirn
T agaus, tagein, muss man's ertragen
N ie glauben, kommt nichts mehr
O ben steh'n die Eingangsfragen
C hancenlos, sind folgenschwer
H offe doch, man kann noch lachen
W underlich sind manche Fragen
A ber Fragen, die uns fertig machen
S ind nicht zu ertragen

IST SOOO LANGWEILIG!

I ch glaub es einfach nicht
S o war's doch nicht gedacht
T äglich schreibe ich und dicht'
S ogar die Welt hat dicht gemacht
O h, mir ist so garnicht wohl
O bendrein bin ich allein
O ffen schwebt das Aerosol
L auf mit Maske, ich könnt' wein'n
A ch die Welt ist doch so groß
N ur ich bin hier vor Ort
G ern wär ich in Streichelzoos
W ieder doch aktiv im Sport
E s ist nun wieder Fastenzeit
I ch faste schon das ganze Jahr
L ieber Gott, es tut mir leid
I st nicht einfach, ist doch klar
G elangweilt = nicht ansprechbar

DIE ERSTGEBURT, ICH WAR DABEI

D as war ein Erlebnis sondergleichen
I ch war dabei und konnt's erleben
E in Wunder in eig'nen Wohnbereichen
E s passierte halt, ich stand daneben
R ichtig eng wurd' mir der Kragen
S tützte und hielt ihre Hand ganz fest
T at alles, dass sie's konnt' ertragen
G anz neu für mich, der Eignungstest
E inatmen und langsam wieder aus
B efehl kam von der Wehmutter
U nd dabei pressen, ach oh Graus
R utschig wurd' mein Hosenfutter
T aten gibt's, die man gerne macht
I ch war dabei, wie er gebor'n
C ool war ich, bis zu dieser Nacht
H alt nie wieder, hab's beschwor'n
W ie schnell kann's doch geschehen
A uch bei mir, ich muss es sagen
R ums, schon wieder kamen Wehen
D as Maß war voll mit Feiertagen
A ber immer war ich mit dabei
B egeistert schon, was mir gelang
E RSTGEBURT, danach noch zwei
I ch liebe alle und auch meine Frau

VIELEN DANK

WIE BAU' ICH'S IN'S LEBEN EIN?

W ürde, weil die Zeit noch reicht
I mmer gern noch musizieren
E rsatzzähne sind zwar pflegeleicht
B esonders schlecht zu arretieren
A ber das kostet viele Knete
U nd wenn die Zähne kippen
I st's schwer mit der Trompete
C hancenlos sind da die Lippen
H ab' die Finger gut im Griff
S icher drück' ich die Ventile
I ch liebe zwar den Lebenspfiff
N ur keine Geisterspiele
S tark und klar war sonst der Ton
L ieß in Wellen in erklingen
E in Ansatz mit viel Kompression
B edauerlich, wird nicht gelingen
E inen Bauantrag, da muss ich passen
N ein, da fehlen mir die Kröten
E in Musikus muss loslassen
I ch gebe auf, geh' doch mal flöten
N immer komm' ich mehr in Nöten

ZUSAMMEN ALT WERDEN, DAS GROßE GLÜCK

Z eig' es auf und bin beglückt
U nd sage Gott sei Dank
S icher ist man zusammen gerückt
A uch zog man am gleichen Strang
M it diesem doch sehr eng verbunden
M it Verlaub, man war sich nah
E s flutschte, hab's so empfunden
N atürlich war's, was geschah
A ufregende Zeiten der Gefühle
L iebessachen liefen gut und schnell
T urtelten bis zur Abendkühle
W ild sprudelte die Liebesquell'
E chte Liebe, da ging's rund
R eiften Früchte, eins, zwei, drei
D ie Jungs war'n all' gesund
E in Erlebnis mit Geschrei
N iedlich wie die Kleinen sind
D ie man liebevoll verwöhnt
A lljährig kam ein Geburtstagskind
S timmt, bin einfach gut VERSÖHNT
G roßes Glück, verfestigt Knoten
R eicht doch aus, was will man mehr
O hne Flachs, die Durchschnittsnoten
E rfreuten uns gar sehr
S owas schafft man nur zusammen
S tolz zu sein ist kein Vergehn'n
T äglich muss die Lieb' entflammen
E twa so ist es bei uns gescheh'n
G ealtert sind wir, aber fit
L ieben uns noch immerzu
Ü berdenken, ob man kürzertritt
C ool bist einfach diddeldaddel DU
K ann es kaum noch glauben,
selbst im Alter gibt's kein' Ruh'

Das, was mich bedrückt
schreib' ich einfach hin
Bevor es mir entrückt
nun doch schnell beginn'

DENKE AN DAS, WAS DU HAST

D as ist schon eine Menge
E s mangelt schon an Plätze
N icht noch mehr Zugänge
K aum zu glauben, was für Schätze
E rfüllt ist unser Leben
A ber was zuviel ist, ist zuviel
N icht alles ist halt gottgegeben
D och hortet man manch' Utensil
A ndere gibt's, die haben nix
S owas sollte man bedenken
W ohlmöglich nur ein Kruzifix
A uch noch leben von Geschenken
S ind schlecht versorgt und ungestillt
D enk, es könnte besser sein
U eberschattet ist mein Zukunftsbild
H ab' Sorgen und bin nicht allein
A ber tief für viel' die Lebenssenken
S owas möcht' doch keiner haben
T un wir GUTES, wir können's lenken
Das sind die besten Gaben

IM ALTER, WIRD'S KNACKIGER

I ch werd' schon mal verlegen
M uss erklären, wenn es knackt
A lle fragen, wieso, weswegen
L iegt es am Gelenkkontakt ?
T ropfen ÖL wär' nicht verkehrt
E rzählt man mir und alle lachten
R eicht jetzt, was man mir beschert
W ünsche allen frohe Weihnachten
I ch bin ja schon ein ACHTZIGER
R üstig, knackig und bedenk'
D ie Alten sind halt KNACKIGER
S ozusagen ein GESCHENK
K nackig bis zum Lebensende
N ehm' es einfach so in Kauf
A ber geh' noch öfter durch's Gelände
C ool ist doch der Stock mit Knauf
K ein Knacken kann mich stör'n
I m Gelände es nicht hallt
G ut ist's, brauch's nicht zweimal hör'n
E in Zustand doch mit Vorbehalt
R ichtig knacken, lass' ich's im Himmel bald

MEINE INNERE STIMME SAGT

M ach dich nicht verrückt
E s ist so wie es ist
I ch werde auch nicht gedrückt
N atürlich man das nicht vergisst
E rinnere dich an jene Zeit
I n der du bist geboren
N icht zu fassen, Krieg und Leid
N icht alle blieben ungeschoren
E in jeder sehnte sich nach Frieden
R echt einsam waren viele Leut'
E s gab in Massen Invaliden
S ichere doch das HIER und HEUT
T ret' mal vor, ich sag' es barsch
I ch werde auch dahinter stehen
M ach dich frei, wir geh'n auf Marsch
M it dir nur möcht' ich weiter gehen
E in Wunsch noch, der muss sein
S ag bitte jetzt nicht nein
A ber mach's nicht nur zum Schein
G enügend ACHTSAMKEIT wär' fein
T schüss und hör' mal wieder rein !

Im eig'nen Garten
mit dem
Ersparten
Mit Blumen
zarten
für die ganz
HARTEN

50

MEIN PLATZ IST SICHER.
WER`S GLAUBT

M it Stolz behauptet man
E rklommen ist die Leiter
I nsofern ist man jetzt dran
N ach oben geht's nicht weiter
P erfekt war doch der Aufstieg
L ief ab ganz ohne Probleme
A lle Tag' ein Spiel auf Sieg
T ricksten aus die Warnsysteme
Z ukunft, die wurd' verplant
I st doch auch nicht so verkehrt
S chnelle Gewinne abgesahnt
T äglich stieg der Börsenwert
S tolz auf das, was man geschaffen
I mmer einen Schritt voraus
C omputer sind die Nahkampfwaffen
H ohe Kunst im eig'nen Haus
E in Leben danach, ist der Tagessatz
R eicht's, wenn man's glaubt zu wissen ?
W ird reserviert der Himmelsplatz ?
E s wird ja überall beschissen
R ein ist aber mein Gewissen
S teh' lang' schon auf der Liste
G efüllt die Säcke mit Ersparnissen
L angt der Raum noch in der Kiste ?
A lles auf die Plätze, fertig …..los
U nd schnell bist du im Rennen
B ei Gott, nur alles ohne Moos
T röstend wär' ein Platz
zum FLENNEN

Nicht mehr Bang
ich hab's gewusst
Und zum Dank
kommt noch die
Lust
Kinder bringen
Leben
einfach machen
eben

GEWUSST WIE,
DANN STÖRT`S NIE

G enial ist dieser Satz
E in Vorschlag allemal
W eisheit, welch ein Schatz
U nd hat noch Potential
S tößt gar oft an Grenzen
S icher oft auch antriebslos
T rotz allem nichts verschwänzen
W enn man ist noch kinderlos
I st ein Wunsch von vielen
E rfolg zu haben, in der Sach'
D ieses kann man nur erzielen
A ußer man wird schwach
N un alles muss halt stimmen
N ie könnt' man sich's vergeben
S olang noch Nester glimmen
T räumt man vom neuen Leben
Ö ffnet einfach mal die Türen
R uft herein, was man begehrt
T raut euch, lasst euch verführen
S tark ist der, der so verkehrt
N icht einen gibt's, der da noch stört
I m Gegenteil, man fühlt auch mit
E s zeigt sich später nach dem Flirt,
der Erfolg spielt mit

Der Schmetterling
Symbol der
Auferstehung
neuen Lebens

AUF DEM FRIEDHOF HAT MAN RUH`

A us, vorbei, es ist das End'
U mzug in den Untergrund
F ür's Normale nicht präsent
D as Leben war oft ungesund
E s ist die einz'ge Stelle
M it Bedacht wurd' ausgewählt
F ühlt sich wohl in dieser Zelle
R icht' nur aus, was man erzählt
I nsofern ist futsch das Leben
E s liegt gebündelt auf den Fleck
D ort stört kein Zoff, kein Beben
H eile Welt, NUR UNTER DECK
O bendrauf lässt man sich pflegen
F rische Blumen ohne Zahl
H inter dir liegen auch Kollegen
A lle fehlen, bei nächster Wahl
T raurigkeit kommt da nicht auf
M usste man doch viel erleben
A nstrengend war der Lebenslauf
N un sind die Löffel abgegeben
R ichtig ist's, die Lage gut
U nd vor allem fließt kein Blut
H ilft doch sehr, nichts weh mehr tut

– IN GUTER OBHUT -

Xaver

ADVENT = ANKUNFT
Jahr 2020

AUF DEM WEG ZUM HIMMEL

A ch, nun ist's passiert
U nd ich konnt' ihn nicht begleiten
F reunde, die man so verliert
D ie sind weg, für alle Zeiten
E r nahm den Weg nach oben
M ir ist dieser nicht bekannt
W eiß nur, er ist aufgehoben
E in sicherer Platz, in Gotteshand
G ing von uns, auf Himmelsfahrt
Z ur Zeit der Jahreswende
U nd alles ohne Rückfahrkart'
M uss gesteh'n, schwer das Ende
H att' 'nen Freund, ich hatt' ihn gerne
I ch glaub', er ist in Sicherheit
M ich nur stört die große Ferne
M egaweit ist's bis zur Ewigkeit
E s schmerzt, man wurd' getrennt
L iebe aber,
GEHT NIE ZU END !

2020

Das Jahr 2020 ist bald vorbei
das Weihnachtsfest ganz nah
Nicht alle sind beschwerdefrei
wir wissen was geschah
Wichtiger als die Arznei
sind die ENGEL aus FERN und NAH

SCHÖN,
DASS ES SIE GIBT

S icher gibt es Engel
C ool, man kann sie seh'n
H aben viel Gedrängel
O hne sie, würd' es nicht geh'n
E rbringen alle, Tag und Nacht
N atürlich GROßES noch
D ANKE sehr, was ihr da macht
A ll' die Stunden, Woch' für Woch'
S tark find ich den Engelschor
S ein Einsatz ohnegleichen
E ngel, ja, ich stell's mir vor
S icher sind sie Himmelszeichen
S chreib' es gern und halt es fest
I n dieser Weihnachtszeit
E ure Achtsamkeit, uns ruhen lässt
G ute Engel, im schlichten Kleid
I ch glaub', ich sprech' für alle
B leibt gesund in diesem Falle
T oll wird's wieder
auf dem Erdenballe

2020

WAS BRINGT UNS DAS NEUE JAHR

W üsst' ich's, würd' ich's sagen
A ber eines weiß ich gewiss
S icher ein Jahr mit 365 Tagen
B estimmt auch Ärger und Beschiss
R uf' auf zum positiven Denken
I st mein Wunsch; ich sag' es klar
N atürlich nicht die Umwelt kränken
G ut wird's dann im neuen Jahr
T ritt für Tritt, mit kleinen Schritten
U mgehen wir auch jede Hürde
N amhaft viele haben gelitten
S tärkend wär's, wenn's besser würde
D enn was bringt uns Hass und Zank
A lles gab's schon jahrelang
S pürt man doch den großen Drang
N icht so weiter, das macht krank
E in gutes Jahr woll'n wir erleben
U nd dafür brauchen wir viel Mumm
E rfüllen uns die Wünsche eben
J eden freut's, keiner nimmt's krumm
A lle Jahre sieht man das Licht
H elle am Horizont, Hoffnung in Sicht ?
R eime für die Menschlichkeit,
in meinem Gedicht

APOSTOLISCHER SEGEN URBI ET ORBI

A ls Hirt stellt er die Weichen
P äpstlich ist die Handarbeit
O hne Müh' setzt er die Zeichen
S ein Segen eine Kostbarkeit
T aktvoll mit erhob'ner Hand
O ffen wird so manches Herz
L euchtend weiß das Messgewand
I nnig, die Augen himmelwärts
S egen für die ganze Welt
C hristlich, feierlich, erhaben
H eut' erntet jeder ohne Geld
E infach diese Segensgaben
R om, die ewige Stadt am Tieber
S itz und Platz vom Heiligen Vater
E r weckt in uns das Reisefieber
G ut war's, doch heute gibt's Theater
E s gibt Virenwolken ohne Plan
N iemand wird davon verschont
U eberall und auch im Vatikan
R abiates ist man nicht gewohnt
B ehütet sind wir, sind im Chat
I st für uns 'ne Engelsbrücke
E in echtes Glück, das Internet
T astendruck überbrückt die Lücke
O riginell, der Ablass aller Sünden
R eumütig möcht' man's verstehen
B öses , alles, öffentlich begründen ?
I ch glaub', es wird noch viel Wasser
im Tiber runter gehen !

Ooostern
2020

OSTERN
WELCH` EIN FEST

O stertage für uns alle
S ind sie doch ein hohes Gut
T ief die Freud' in diesem Falle
E rlösung gab's, durch deinen Mut
R aue Zeiten gab's schon immer
N ur lebt man heute mit der Schuld
W ar's damals vielleicht schlimmer ?
E rbitten wieder deine Huld
L ass' uns doch gemeinsam starten
C hancen gibt's nach diesem Fest
H offc doch, was wir erwarten
E ndet nicht gar im Arrest
I n Demut man sich bekennt
N icht jedes Fest war so wie heut'
F ast alle leben jetzt getrennt
E in Virus der uns nicht erfreut
S icher hast du, Herr, DIE IDEE
T ief, sehr tief sitzt unser Weh
- Ein Impfspray wär okay -

Jahr 2020 R.Schulte

<u>DARF MAN IN SOLCHEN ZEITEN ?</u>

D ie Oma hatte immer Bedenken
A ber die Zeiten waren schlimmer
R echt wenig gab es zum Verrenken
F ernseher gab's in keinem Zimmer
M it Oma spielte ich noch Schach
A uch mal Mühle mit der Dame
N ur abends lag sie früh dann flach
I lselotte war ihr Doppelname
N un, sie brauchte ihre Zeit
S treng war sie, meine Omi Ilselott
O ffen trug sie ihr schwarzes Kleid
L ieber Scholli, sie war schon flott
C ool fand ich's, schwärm noch heut
H aare straff gekämmt mit Dutt
E in Wunderwerk und gut vertäut
N ur abends war alles wieder kaputt
Z eiten, solche die schon waren
E rkennt man jetzt, kaum zu fassen
I lselotte, hat in all' den Jahren
T atsächlich nichts anbrennen lassen
E ine solche Zeit, das ist doch klar
N ehm ich mir noch Jahr für Jahr

FRIEDE FREUDE PUSTEKUCHEN

F ast alles schon erlebt
R eichlich gab es Lebenstücken
I n Höhen auch empor geschwebt
E iniges musst' man überbrücken
D as Leben, was wir selbst gelenkt
E s war leicht, oft auch schwer
F urchtbar vieles wurd' versenkt
R asch entsorgt, viel ist nicht mehr
E s war bei Kindern oft die PUSTE
U nd Schrammen heilten an der Luft
D och verletzt ist unsere Erdenkruste
E s ist fatal, weil nichts verpufft
P usten und heilen uns noch Winde
U nd pflegt so die verletzte Haut ?
S icher hilft auch keine Mullbinde
T inkturbenetzt mit Jakobskraut
E nde nun und schau nach vorn
K ein Wunder, wir müssen REDEN
U eber alles und den Nervensporn
C hancen gibt es noch für JEDEN
H ab's da oben so geschrieben
E s ist bestimmt nicht übertrieben
N ichts wollen wir
BEISEITESCHIEBEN

IRGEND WAS
IST IMMER LOS

I ch glaub' das einfach nicht
R uhe herrscht im Land
G eblendet nur vom Sonnenlicht
E rhole mich im Ruhestand
N un liegt auch noch viel Schnee
D er zudeckt alle Arten
W ie die Frau im Neglige
A uch noch animiert im Garten
S teht sie doch vor meinem Fenster
I ch seh' sie täglich, sie ist groß
S elbst nachts seh' ich Gespenster
T oll, das bleibt nicht folgenlos
I ch hab' die Dame eingeschnürt
M it schwarzem Tuch verhüllt
M it Verlaub, sie mich verführt
E rlöste mich, sie bleibt verknüllt
R eine Prophylaxe, ich's beschreib'
L eider wird man ANTRIEBSLOS
O hne Flachs und ohne Weib ?
S ag's mir, lieber Gott,
was mach' ich BLOß ?

SELBSTGESPRÄCHE ANGEBRACHT?

S ieht man oft in dieser Zeit
E s ist schon fast normal
L iegt wohl an der Einsamkeit
B emerkenswert die hohe Zahl
S ich selber etwas sagen
T ut uns allen auch mal gut
G enug gibt's zu beklagen
E s knistert oftmals unter'm Hut
S elbstkritik, die hat Niveau
P feift sich aus und nimmt's zurück
R einer Tisch, das sagt man so
Ä ndert alles doch zum Glück
C ool find ich diese Courage
H at man sich so nicht gedacht
E s zeigt den Mumm in der Visage
A lles passt, hats selbst gemacht
N ur, es sieht schon komisch aus
G ut, früher war man nicht ganz dicht
E in Fall für das Irrenhaus
B esonders schlimm, aus meiner Sicht
R ichtig ist, keiner hört heut' zu
A us gutem Grund, will ich meinen
C omeback für ein Interview
H errgott, lass die Sonne scheinen
T u's für mich und all' die DEINEN

Muss ich
Das versteh'n ?

EIGENARTIG
EINZIGARTIG

E s sind der Worte zwei
I ch versuch es zu erklären
G eheimes schützt vor Hänselei
E s wird auch nie verjähren
N ormal ist, was man kennt
A lles andere fällt schon auf
R eicht bis hoch ins Parlament
T otal verrückt der Hamsterkauf
I st die Eigenart doch oft präsent
G ewiss steckt das auch viele an
E s fehlt gar oft das Argument
I ch find's EIGENARTIG dann
N ur eines hilft mit Garantie
Z iehen all' am gleichen Strang
I n dieser Zeit der Pandemie
G emeinsam geht's und ohne Zank
A rtig nein, schon EINZIGARTIG
R egelrecht fehlen mir die Worte
T u nichts mehr und schäme mich
I ch glaub', es gibt viele dieser Sorte
G ehen nur noch zur Impfung
durch die Pforte !

KRIEGSTE ABER NICHT

K einer kann's vestehen
R eine Freude wär gewiss
I mmer schippern auf den Seen
E ine Reise mit 'ner Miss
G enügend Zeit verbringen
S ich gönnen was im Leben
T auchen und nur noch springen
E s bleibt ein Traum, zugegeben
A ch ich wünschte, er wär echt
B estimmt kriegte ich es hin
E inmal zwichen Hai und Hecht
R udern mit Begleiterin
N ie fand ich eine, die das macht
I ch bin noch voller Zuversicht
C ool fänd ich's, 'ne Frau mit Jacht
H alleluja, das wär ein Gedicht
T OLL, KRIEGSTE ABER NICHT

VERLÄSST DICH DER MUT

V erbindung weg, auf der Knoten
E s ging der Mut, ihm wurd's zu viel
R echt hoch sind da die Quoten
L ocker bleiben ist das Ziel
Ä rgerlich, vielleicht eingeschnappt ?
S icher gab's da einen Grund
S chnell ist er davon getappt
T ief enttäuscht, der arme Hund
D er Mut kennt seine Grenzen
I st und war ein Topbegleiter
C ool zog er die Konsequenzen
H elf dir SELBST, geh einfach weiter
D ie Einsicht hilft dann irgendwann
E in guter Rat, such den Kontakt
R uhig Blut, bleib nahe dran
M ut, der braucht uns, das ist Fakt
U eberzeugt bin ich, er kommt zurück
T rautes Paar, ein NEUES GLÜCK

WENN ES TROPFT KLOPFT ES

W er liebt nicht gute Tropfen
E dle in Flaschen, immer zu
N atürlich zieht man diesen Propfen
N ippt und trinkt dann ganz in Ruh'
E in steter Tropfen höhlt den Stein
S prüche nur für weiche Brocken
T ropft's aber heftig, weil ich wein'
R auscht es runter in die Socken
O hne Flachs, das ist der Grund
P ocht und klopft die Nachbarin
F ürwahr, erregt nicht nur der Hund
T raktiert die Wand und will dahin
K urz und gut, ich hab's kapiert
L ass' ihn laufen, wenn er will
O hne Zweifel, es mich animiert
P lan nun anders, dann bleibt's still
F and, es war sehr gut geplant
T rennungswände fehl'n seither
E s war vobei so wie geahnt
S ie zog zu mir
und KLOPFT NICHT MEHR

WAS WIRKLICH HILFT
LIEBE

W eich schreibe ich mit Feder
A uf das Blatt, da kenn' ich nix
S timmt die Liebe, weiß doch jeder
W irkt sie ganz besonders fix
I ch weiß, wovon ich spreche
R eine Liebe macht immun
K ann heilen, hilft bei Schwäche
L iebende haben viel zu tun
I n jeder Zeit ist's angebracht
C hancen steigen, auch der Lohn
H ab' es gern und oft gemacht
H alt die Fitness durch Aktion
I n dieser Zeit der Pandemie
L ässt man FÜNFE grade sein
F ür mich zählt nur die Harmonie
T äglich Liebe, das muss sein
L eider sind nicht alle froh
I st Fastenzeit, da bleibt es still
E inmal im Jahr, das ist halt so
B ittet die Kirch', doch keiner will
E s fehlt die Lieb', ich sag' es klar
EINMAL NUR IM JAHR?